BEI GRIN MACHT SICH IHR WISSEN BEZAHLT

- Wir veröffentlichen Ihre Hausarbeit,
  Bachelor- und Masterarbeit

- Ihr eigenes eBook und Buch -
  weltweit in allen wichtigen Shops

- Verdienen Sie an jedem Verkauf

Jetzt bei www.GRIN.com hochladen
und kostenlos publizieren

Patrick Friedhoff

Konzepte und spezielle Anforderungen im Mobile Content Management

GRIN Verlag

Bibliografische Information der Deutschen Nationalbibliothek:

Die Deutsche Bibliothek verzeichnet diese Publikation in der Deutschen National-
bibliografie; detaillierte bibliografische Daten sind im Internet über http://dnb.d-
nb.de/ abrufbar.

Impressum:

Copyright © 2013 GRIN Verlag GmbH
Druck und Bindung: Books on Demand GmbH, Norderstedt Germany
ISBN: 978-3-656-43953-0

FOM Hochschule für Oekonomie & Management Essen

Studienzentrum Hamburg

Berufsbegleitender Studiengang zum B. Sc. Wirtschaftsinformatik

5. Semester

Hausarbeit im Modul "Content Management Systeme"

Konzepte und spezielle Anforderungen im Mobile Content Management

Autor: Patrick Friedhoff
         5. Fachsemester

Abgabe: 02.02.2013

Inhaltsverzeichnis

Abkürzungsverzeichnis

API   Application Programming Interface

CMS   Content Management System

CSS   Cascading Stylesheet

DDR   Device Description Repository

GPS   Global Positioning System

GSM   Global System for Mobile Communications

gzip   GNU zip

HTML   Hypertext Markup Language

HTTP   Hypertext Transfer Protocol

LBS   Local Based Services

LTE   Long Term Evolution

PHP   Hypertext Preprocessor

PNG   Portable Network Graphics

RWD   Responsive Webdesign

TLS   Transport Layer Security

UMTS   Universal Mobile Telecommunications System

WLAN   Wireless Local Area Network

WURFL   Wireless Universal Resource File

Abbildungsverzeichnis

1 Einleitung

Effektives Content Management nimmt in den Zeiten des schnelllebigen Internets immer weiter zu. Informationen müssen den Redaktionsprozess schnell durchlaufen, um den Zielpersonen immer aktuell nutzbringende Informationen zur Verfügung stellen zu können. Die steigende Anzahl an internetfähigen mobilen Endgeräten stellt dem Content Management weitere Herausforderungen, welche dem Fachgebiet des Mobile Content Managagements zuzuordnen sind.
Die Motivation dieser Hausarbeit ist es, die Anforderungen an das Mobile Content Management herauszuarbeiten. Im Anschluss daran werden die existierenden Konzepte zur Contentanpassung an die speziellen Anforderungen des mobilen Internets dargestellt und bewertet. Nachfolgende Praxisbeispiele verdeutlichen den Nutzen der Konzepte, zeigen aber auch deren Grenzen auf.

2 Grundlagen

2.1 Content Management

Das Gebiet des Content Managements beinhaltet die redaktionelle Aufbereitung von Informationen. Durch die Trennung der drei Sichten Inhalt, Struktur und Layout können Contents medienneutral wiederverwendet werden[1].

2.2 Content Management Systeme

Content Management Systeme unterstützen den Gesamtprozess des Content Managements durch die Erstellung, Speicherung und Publikation von Inhalten[2].

2.3 Mobile Computing

Mobile Computing ist ein Oberbegriff, der im weitesten Sinn Formen von mobiler Kommunikation bezeichnet[3]. Das wichtigste Merkmal dabei ist sowohl die zeit-, als

---

[1](Vgl. Lackes und Siepermann, 2012)
[2](Vgl. Hagenhoff, 2012)
[3](Vgl. Bäumler et al., 2001)

auch ortsungebundene Nutzung von informationstechnologischen Diensten mit Hilfe mobiler Endgeräte, wie Smartphones oder Laptops, unter Verwendung von Funkprotokollen wie zum Beispiel Wireless Local Area Network (WLAN) oder Bluetooth[4].

2.4 Mobile Content Management

Mobile Content Management ist eine Spezialisierung des Content Managements, das sich speziell mit den Anforderungen und Konzepten der Contenterstellung, Verwaltung und Publikation für mobile Endgeräte befasst.

3 Mobile Content Management

Im vorherigen Kapitel wurden die Grundlagen definiert, auf denen in diesem Kapitel aufgebaut wird. Nachfolgend werden Anforderungen und Konzepte des Mobile Content Managements herausgearbeitet und abschließend bewertet.

3.1 Anforderungen

3.1.1 Mobile Endgeräte

Der Begriff „Mobile Endgeräte" ist ein Oberbegriff für die Klassifizierung von Geräten, die orts- und zeitungebundene Dienste nutzen können. Dabei existieren vielfältige Formen mobiler Endgeräte, beispielsweise Handys, Smartphones, Laptops, Netbooks und Tablet-PCs. In der Abbildung 1 wird eine Klassifizierung mobiler Endgeräte anhand der Kriterien Lokalisierbarkeit, Erreichbarkeit und Ortsunabhängigkeit gezeigt.

Die folgenden Eigenschaften mobiler Endgeräte stellen Anforderungen an mobilem Content dar:

Bildschirmformate und Auflösungen
Je nach Art des mobilen Endgerätes muss sich mobiler Content auf unterschiedlichsten Bildschirmformaten (von 84 x 48 Pixel bei älteren Handys, bis hin zu 19 Zoll bei

---

[4](Vgl. e teaching.org, 2012)

Laptops) mit verschiedenen Auflösungen darstellen lassen und dabei jederzeit gut lesbar sein.

Datentransferrate

Die Einschränkungen in der Datentransferrate spielt trotz aktueller Entwicklungen wie Long Term Evolution (LTE) eine große Rolle. Kann in der neuesten Generation (LTE) eine Downloadrate bis 100 MBit/s erreicht werden, liegen die Downloadraten für Universal Mobile Telecommunications System (UMTS) (384 kbit/s) und Global System for Mobile Communications (GSM) (220 kbit/s) deutlich niedriger. Die Abbildung 2 zeigt, dass besonders in ländlichen Regionen UMTS immer noch nicht verfügbar ist. Für eine schnelle Anzeige muss der mobile Content daher geringe Größen aufweisen oder Verfahren zur Komprimierung verwendet werden.

Rechenleistung

Auch in der Rechenleistung existieren bei den Geräten trotz immer schneller werdender Prozessoren Unterschiede zu stationären PCs. Besonders in den günstigeren Geräten werden leistungsschwache Prozessoren verbaut, die letztendlich die Darstellbarkeit von mobilem Content (bspw. Videoinhalten) einschränken.

Betriebssysteme

Je nach Gerätehersteller können auf den mobilen Endgeräten verschiedene oder nur herstellerabhängige Betriebssysteme verwendet werden. Die Unterstützungen der Betriebssysteme geben vor, mit welcher Technologie Content dargestellt werden kann. So führte beispeilsweise die Verweigerung der Flash-Unterstützung von Apple und die Entwicklung von Hypertext Markup Language (HTML) der Version 5 zur immer weiter sinkenden Verwendung von mobilem Flash[5].

3.1.2 Ortsbezogenheit

Da mobiler Content auf mobilen Endgeräten, deren Standorte wechseln, dargestellt wird, ist die Ortsbezogenheit von Content eine weitere Anforderung im Mobile Content Management. Je nach Standort des Endgerätes können je nach Einsatzgebiet unterschiedliche Contents gezeigt werden.

---

[5](Vgl. Pryjda, 2011)

3.1.3 Content

Durch die in Kapitel 3.1.1 aufgezeigten Einschränkungen durch die Hard- und Software und Datenübertragung bei mobilen Endgeräten ergeben sich folgende Anforderungen für die unterschiedlichen Arten mobilen Contents „Text" und „Multimediacontent".

Text

Die Hauptanforderung an Text auf mobilen Endgeräten liegt in der übersichtlichen Darstellung und dem Detaillierungsgrad. Mobil werden nicht alle Informationen wie auf stationären Geräten benötigt. Dieses liegt vor allem an dem Zeitfaktor. Mobile Endgeräte werden größtenteils unterwegs verwendet und dort werden nur die wichtigsten Informationen in Kurzform benötigt. Dennoch muss es möglich sein, sich den Content in Langform anzeigen zu lassen.

Multimediacontent

Anforderungen an Multimediacontent wie Bilder und Videos liegen in einer schnellen Übertragung von einem Server auf das mobile Endgerät, sowie einer Anpassung an die Bildschirmgröße. Vor allem das Abspielen von Videos unterliegt hohen Hardwareanforderungen.

Allen mobilen Contents ist jedoch gemein, dass neben ortsunbezogenen Inhalten auch ortsbezogene relevante Inhalte, wie z.B. regionale Nachrichten und regionales Wetter, die Suche mobilen Contents beeinflusst.

3.1.4 Sicherheit

Laut dem „Bundesamt für Sicherheit in der Informationstechnik" werden Angriffe auf mobile Endgeräte in Zukunft verstärkt zunehmen und ähnliche Ausmaße wie bei PCs annehmen[6]. Dadurch, dass mobile Endgeräte eine Vielzahl an Schnittstellen zur Kommunikation und Datenaustausch bereitstellen, existieren auch viele Angriffsmöglichkeiten. Abbildung 3 zeigt, dass darüber hinaus eine Bedrohung durch Diebstahl der Geräte existiert. Besonders sicherheitsrelevante Contents, wie Bank- oder Geschäftsdaten müssen daher Sicherheitsmechanismen unterliegen. Wichtigste

---

[6](Vgl. Bundesamt für Sicherheit in der Informationstechnik, 2006, S. 15)

Sicherheitsfaktoren sind dabei Authentizität, Autorisierung und Integrität. Bei der Authentizität wird geprüft, ob der der Gegenüber wirklich der ist, was er vor gibt zu sein. Autorisierung bedeutet die Rechteprüfung auf bestimmte Funktionalitäten und Integrität die Unversehrtheit der übertragenden Daten.

3.1.5 Mobile Content Management Systeme (CMSe)

Neben generellen Anforderungen an CMSe, wie die Trennung von Inhalt, Struktur und Layout, haben mobile CMS die Anforderungen Contents möglichst einfach und effizient für die verschiedenen mobilen Endgeräte aufzubereiten.

3.1.6 Spezielle Unternehmensanforderungen

Neben den bereits genannten Anforderungen sind für Unternehmen eine schnelle Contentbereitstellung und die damit verbundenen automatisierten Contenterstellungsprozesse besonders von Bedeutung. Mitarbeiter im Außendienst müssen beispielsweise immer auf die aktuellsten Katalogdaten zugreifen können um neue Produkte oder neue Produkteigenschaften den Kunden anpreisen zu können. Die Geräte für den Zugriff auf Unternehmensdaten, beispielsweise Firmenhandys, müssen dabei einfach und automatisiert zu konfigurieren sein, um eine Vielzahl von Geräten administrieren zu können. Auch hierbei muss der Sicherheitsaspekt betrachtet werden, d.h. es müssen Sicherheitsvorkehrungen bei Verlust oder Diebstahl von mobilen Firmengeräten existieren. Dabei spielt der technische Aspekt eine eher untergeordnete Rolle. Vielmehr müssen die Verantwortlichen und Administratoren diese Faktoren berücksichtigen, um Datendiebstahl zu vermeiden.

3.2 Konzepte

Nachdem im vergangenen Kapitel die Anforderungen an mobilem Content Management herausgearbeitet wurden, erfolgt nun die Beschreibung von Konzepten für die Umsetzung der Anforderungen.

3.2.1 Erkennung mobiler Endgeräte

Für die optimale Darstellung mobilem Contents muss für den Content liefernden
Server fest stehen, welches Gerät den Content anfragt. Für die Erkennung mobiler
Endgeräte ist laut „sourceforge.org" Wireless Universal Resource File (WURFL) das
am häufigsten verwendete Device Description Repository (DDR).

Das WURFL ist ein Repository zur Beschreibung von Geräten, ein sogenanntes
DDR, in Form einer XML-Datei. Die WURFL-Datei enthält die Zuordnung von
Hypertext Transfer Protocol (HTTP) Request Headern zu den mobilen Endgerä-
ten. Dabei werden neben der Displayauflösung und -größe weitere gerätespezifische
Daten, wie z.B. unterstützte Audio- und Videoformate, gespeichert. Zur Abfrage
der WURFL-Datei existieren Application Programming Interfaces (APIs) für Java,
Hypertext Preprocessor (PHP), .NET, C++ und eine Datenbank-API für PHP[7].
Dabei wird WURFL meist serverseitig verwendet. Abbildung 4 enthält ein Beispiel
des Aufbaus der WURFL-Datei für das iPhone 5.

3.2.2 Local Based Services (LBS)

Unter LBS versteht man Dienste, mit denen durch Standortermittlung eine Interak-
tion mit der Umgebung stattfinden kann[8]. Für die Standortermittlung können verschiedene Verfahren eingesetzt werden. Neben der manuellen Ortseingabe durch den
Benutzer kann die Ermittlung des Standortes unter Anderem durch Handyfunkmas-
ten, Global Positioning System (GPS) und WLAN stattfinden. Der Standort dient
dabei der Contentauswahl, die für die Umgebung relevant ist. Zum Beispiel kann
ein mobiles Endgerät mit entsprechender Software als Fremdenführer in einer Stadt
eingesetzt werden, der alle wichtigen Informationen über Sehenswürdigkeiten in der
Umgebung anzeigt. Ein weiteres typisches Beispiel für LBS sind Navigationssyste-
me.

3.2.3 Responsive Webdesign (RWD)

Neben dem bereits vorgestellten WURFL ist RWD eine weitere Möglichkeit Contents an die entsprechenden Geräte anzupassen. Hierbei können beispielsweise durch
die Abfrage des Bildschirmformates in HTML 5 unterschiedliche Cascading Styles-
heets (CSSs) geladen werden, die das Layout einer Webseite enthalten. Dadurch

---

[7](Vgl. sourceforge, 2012a)
[8](Vgl. Vassilian, 2010)

wird es ermöglicht nur eine Webseite für alle Endgeräte zu erstellen und je nach Bildschirmgröße das Layout der Webseite zu ändern[9].
Das Verwenden dieser Technologie hat allerdings den Nachteil, dass nur das Layout, nicht aber Textlängen angepasst werden können. Damit entspricht das alleinige Verwenden von RWD nicht der in Kapitel 3.1.3 definierten Anforderung der Kurzformtexte.

3.2.4 Mobile Webseiten, native Apps und WebApps

Grundsätzlich existieren drei Arten für die Darstellung von mobilem Content auf mobilen Endgeräten: speziell an mobile Endgeräte angepasste mobile Webseiten; Apps, deren Content nur durch Programmaktualisierungen aktualisiert wird und Apps, bei denen der Content nachgeladen wird (WebApps).
Mobile Webseiten können geräteübergreifend auf allen Smartphones mit aktuellen Browsern angezeigt werden und haben damit Vorteile der breiten Nutzbarkeit und einem geringen Erstellungsaufwand. Außerdem sind Contentänderungen sofort wirksam. Die Nachteile einer mobilen Webseite sind schlechtere Performance, sowie stark eingeschränkte Zugriffsmöglichkeiten auf Gerätefunktionen (z.B. Kamera).
Native Apps sind gerätespezifische Programme, die nur für einen Gerätetyp oder ein bestimmtes mobiles Betriebssystem entwickelt wurden. Die Vorteile sind neben einer besseren Performance und Offline-Fähigkeit auch die Nutzbarkeit aller Gerätefunktionen. Nachteilig hingegen sind hohe Kosten bei der Erstellung, da für jedes Betriebssystem eine eigenständige Version mit unterschiedlichen Programmiersprachen erstellt werden muss.
WebApps vereinen die Vorteile mobiler Webseiten mit denen der nativen Apps. Durch den Offline-Cache kann der Content auch ohne aktiver Internetverbindung betrachtet werden und wird bei aktiver Internetverbindung aktualisiert. Die Nachteile sind deckungsgleich mit denen nativer Apps.
Durch den Vorteil der geringen Kosten bei der Erstellung bietet sich generell für die Darstellung mobilen Contents eine mobile Webseite an. Muss allerdings auf Gerätefunktionen zugegriffen werden, ist die Erstellung gerätespezifische Apps unabdingbar.

---

[9](Vgl. Petereit, 2011)

3.2.5 Content

Eine wichtige Anforderung an die Anzeige von Contents auf mobilen Endgeräten sind geringe Ladezeiten. Eine von Equation Research im Auftrag von Compuware durchgeführte Studie über die Erwartungen von Benutzern ans mobile Internet fand heraus, dass 71% der mobilen Internetbenutzer dieselben oder schnellere Ladezeiten von Webseiten auf mobilen Endgeräten im Vergleich von PCs erwarten[10]. Um die Größe der übertragenden Daten möglichst gering zu halten, können verschiedene Techniken verwendet werden.

Kompressionsverfahren für Texte

Durch Kompressionsverfahren kann die Datengröße von Texten stark verringert werden. Ein Kompressionsverfahren, welches standardmäßig von vielen Webservern angeboten wird ist GNU zip (gzip). gzip wird verwendet, um bei Webseiten den HTML, Javascript und CSS-Code serverseitig zu komprimieren und clientseitig wieder zu dekomprimieren. Um dabei die Serverlast möglichst gering zu halten, werden HTML-Seiten oder bei dynamisch erzeugten Seiten der CSS und Javascript-Code bereits vorkomprimiert.

Der Vorteil des Verwendens einer Textkompression ist das Einsparen von Bandbreiten. Nachteilig hingegen ist die höhere Prozessorlast für das De-/Komprimieren.

Multimediacontent

Für Bilder und Videos ist eine dynamische zur Laufzeit durchgeführte Komprimierung nicht sinnvoll. Hierbei sollten die Contents in verschiedenen Versionen vorliegen, die sich von Auflösung, Qualität und damit Datengröße unterscheiden.

Bei Bildern muss die Wahl zwischen vektor- und rasterbasierter Grafik getroffen werden. Vektorgrafiken können qualitätsverlustfrei vergrößert werden, haben allerdings auch eine höhere Dateigröße als Rastergrafiken. Daher werden Internetgrafiken meist in Rasterform bereitgestellt. Ein mögliches Dateiformat ist dabei Portable Network Graphics (PNG), welches verlustfreie Kompression verwendet[11].

3.2.6 Sicherheit

Um mobile Dienste sicher zu gestalten, müssen Authentisierung und Verschlüsselung stattfinden. Die Authentisierung dient der Identifizierung des Benutzers an einem

---

[10](Vgl. Equation Research in Auftrag von Compuware, 2011, S. 4)
[11](Vgl. W3C, 2003)

Dienst. Dieses kann beispielsweise durch die Eingabe eines Benutzernamens und Passwortes stattfinden. Darüber hinaus ist es möglich die gesamte Kommunikation von Client zu Server zu verschlüsseln[12]. In der Regel wird für die Verschlüsselung das Netzwerkprotokoll Transport Layer Security (TLS) verwendet. Von einer detaillierteren Beschreibung wird an dieser Stelle verzichtet, da dieses den Umfang der Arbeit übersteigen würde.

Ein weiterer Sicherheitsmechanismus für das Eindämmen von Spam-Attacken ist das Verschlüsseln von E-Mail-Adressen. In TYPO3 ist dieses beispielsweise über den Befehl „spamProtectEmailAddresses" möglich[13].

3.2.7 Mobile CMSe

Eines des wichtigsten Konzeptes aller CMSe ist die Trennung von Inhalt, Struktur und Layout. Nur durch diese Trennung ist eine zentrale Pflege und Wiederverwendung der genannten Elemente für verschiedene Webseiten möglich.

Für die Verwaltung und Pflege des Multimediacontents bieten CMSe die Möglichkeit der automatisierten Anpassung an die verschiedene Zielgeräte. So können beispielsweise Bilder ohne vorheriger Bearbeitung in unterschiedlichen Formaten in das CMS geladen werden und es erfolgt dann eine automatische Anpassung an die jeweilige Webseite. Das bedeutet, dass sowohl das Dateiformat umgewandelt, als auch die Größe und Auflösung automatisch angepasst wird. Dieses hat die Vorteile der Arbeitserleichterung und einfacheren Verwaltung der Bilder. Allerdings werden mehrere Versionen von Bildern angelegt, was besonders bei Webseiten mit vielen Bildern (Webshops) zu Speicherplatzproblemen auf dem Server führen kann[14]. Sinngemäß gilt dieses auch bei Videos. Bei dem CMS „TYPO3" ist beispielsweise die genannte Funktionalität im Standardpaket enthalten.

Eine weitere Eigenschaft speziell für die Erstellung von Webseiten für verschiedene Endgeräte ist das Unterstützen von Multichanneling. Mit einem Multichannel CMS können je nach Zielgerät verschiedene Kanäle definiert werden. Dabei werden Inhalte von den Redakteuren einmalig erstellt und mittels der Kanäle für die Ausgabe ein- oder ausgeschlossen. Um den Anforderungen der Kurzform- und Langformtexte gerecht zu werden, ist es darüber hinaus möglich, für Endgeräte verschiedene Versionen von Inhalten zu erstellen[15].

---

[12](Vgl. Bundesamt für Sicherheit in der Informationstechnik, 2006, S. 13)
[13](Vgl. Kellner, 2010)
[14](Vgl. typo34u.de)
[15](Vgl. Kraft, 2012)

3.3 Potenziale und Grenzen

Im vorangegangenen Kapitel wurden die Konzepte im mobile Content Management vorgestellt. Nun erfolgt die abschließende Bewertung dieser Konzepte.

Die Erkennung mobiler Endgeräte ist ein zentraler Bestandteil des Mobile Content Management, da Contents nur an Geräte angepasst werden können, wenn der Gerätetyp auch erkannt wird. Ist der Gerätetyp erkannt, können daraufhin LBSs aufsetzen und ortsabhängige Contents liefern. Dieses wird in der Praxis bereits häufig verwendet. Es sind allerdings noch viele Potenziale vorhanden. Das Beispiel „Google glasses" wird in Zukunft zeigen, dass die ortsbezogenen Dienste immer im Blickfeld des Endbenutzes angezeigt werden.
RWD ist eine gute Möglichkeit nur eine Webseite für alle Endgeräte zu erstellen. Allerdings erfolgt hier nur eine Layoutanpassung und keine Textanpassung.
Mobile CMSe unterstützen die Contentaufbereitung für verschiedene Endgeräteklassen.
Grenzen sind vorhanden, da immer nur die Kombination aus mehreren Konzepten zu einer guten Endlösung führt. Würde RWD auch die Textlängenanpassung unterstützen, wäre dieses aus Sicht des Autors eine effektive Methode der Ausgabe von mobilem Content.

4 Praxisbeispiele

Im Folgenden werden drei Praxisbeispiele vorgestellt, die dem Problem der Datenübertragungsgeschwindigkeit begegnen, ortsbezogenen Content und dynamische Webseitenanpassung je nach Bildschirmgröße zeigen.

4.1 Amazon Silk

Amazon Silk ist ein Internetbrowser von Amazon, der auf den Tablet-PCs „Kindle Fire" installiert ist. Dieser Browser unterscheidet sich stark von den herkömmlichen, da er lediglich das Anzeigen, allerdings nicht das Anfragen der Webseiten von den entsprechenden Webservern übernimmt. Bei einer Benutzeranfrage wird die angefragte Webseitenadresse an einen Amazon-Server gesendet. Dieser übernimmt das komplette Laden der Webseite und Interpretieren von Skripten, sodass an den Amazon Silk-Browser eine fertig gerenderte Webseite zur Anzeige geliefert wird. Dadurch,

dass die rechenintensiven Aufgaben von Servern durchgeführt werden, ist die Dauer von der Nutzeranfrage bis zur Anzeige der Webseite geringer als bei anderen Browsern. Damit entgegnet Amazon den Problemen der begrenzten Hardwareressourcen und Übertragungsraten mobiler Endgeräte. Nachteile bestehen in der Möglichkeit des Auswertens des Surfverhaltens von Benutzern und den damit verbundenem Eingriff in die Privatssphäre[16].

4.2 FlightRadar24

Die mobile Applikation „FlightRadar24" ist ein Beispiel für die Bereitstellung eines ortsbezogenen Dienstes. Mit der Applikation lassen sich aktuelle Flüge in einer Landkarte darstellen. Abbildung 5 zeigt, dass außerdem durch das Verwenden der Kamera in der Blickrichtung des Benutzers Flugzeuge mit der Fluglinie dargestellt werden können. Dieses wird mit der Ortsbestimmung über die in Kapitel 3.2.2 gezeigten Verfahren und einer Datenbank mit den aktuellen Positionen von Flugzeugen ermöglicht.

4.3 RWD

Die Webseite der Firma „Andersson-Wise Architects" ist ein gutes Beispiel für RWD. Je nach Bildschirmgröße wird die Webseite unterschiedlich dargestellt. Die Abbildungen 6 bis 8 zeigen die Layoutanpassungen, sodass dieselbe Webseite sowohl von stationären PCs mit großen Bildschirmen, als auch von mobilen Endgeräten übersichtlich dargestellt werden kann.

5 Zusammenfassung

Die Anforderungen an mobilem Content Management sind durch die Gegebenheiten der Hardware mobiler Endgeräte vielfältig. Zum Einen ist die Datenübertragungsrate beschränkt, zum Anderen sind im Vergleich zu stationären PCs Displaygrößen und Rechenleistungen geringer. Darüber hinaus müssen durch die Tatsache der Internetnutzung unterwegs Contents speziell an den befindlichen Standort angepasst werden. Auch der Sicherheitsaspekt darf dabei nicht außer Acht gelassen werden. Den Anforderungen stehen unterschiedliche Konzepte gegenüber. Für die Erkennung

---

[16](Vgl. Kremp und Lischka, 2011)

und eindeutige Zuweisung eines Requests zu einem Endgerät kann das WURFL verwendet werden. Durch RWD können Internetseiten an beliebige Displaygrößen angepasst werden, ohne eine eigenständige Seite erstellen zu müssen. Darüber hinaus ist die Art der Contentdarstellung, bzw. Übermittlung ein entscheidender Kostenfaktor. Am günstigsten ist die Erstellung einer (mobilen) Webseite im Vergleich zu nativen Apps.

Mobile CMSe können durch automatische Größen- und Auflösungsanpassung von Multimediacontents mobile endgerätespezifische Anforderungen abdecken und den Verwaltungsaufwand für Redakteure verringern. Textlängenanpassungen für mobile Endgeräte werden durch die Erstellung mehrerer Textversionen und das Ein- und Ausschalten von Kanälen verwirklicht.

Die Praxisbeispiele von „Amazon Silk", „Flightradar24" und der Webseite von „Andersson-Wise Architects" zeigen, dass die Anforderungen an mobilem Content in der Praxis bereits umgesetzt werden.

Anhang 1: Klassifizierung mobiler Endgeräte

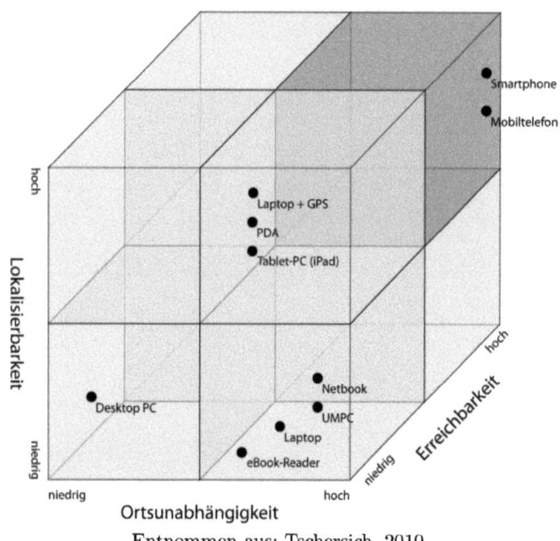

Entnommen aus: Tschersich, 2010

Abbildung 1: Klassifizierung mobiler Endgeräte

Anhang 2: Netzabdeckung UMTS der Deutschen Telekom

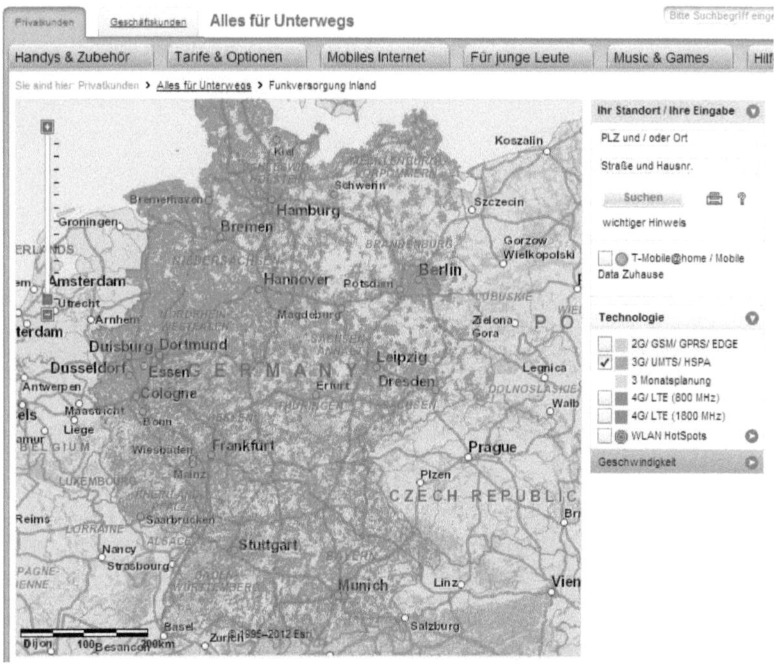

Entnommen aus: Telekom Deutschland GmbH

Abbildung 2: Netzabdeckung UMTS der Deutschen Telekom

Anhang 3: Gefährdungen mobiler Endgeräte

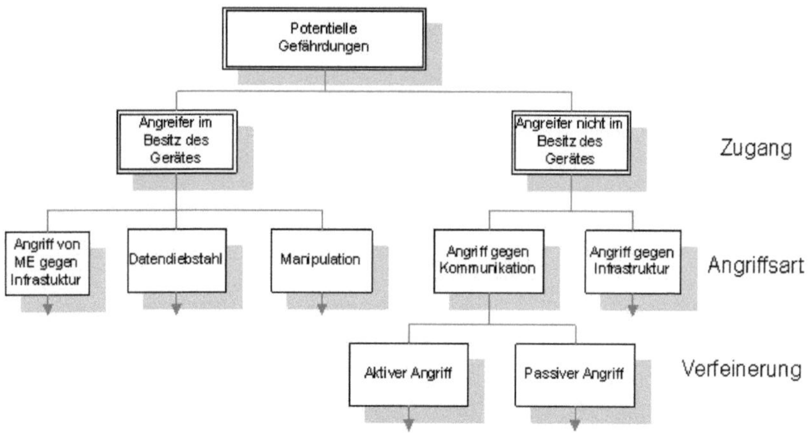

Entnommen aus: Bundesamt für Sicherheit in der Informationstechnik, 2006, S. 16

Abbildung 3: Gefährdungen mobiler Endgeräte

Anhang 4: iPhone 5 in der WURFL-Datei

```
<device id="apple_iphone_ver6_subhw5" user_agent="DO_NOT_MATCH_IOS_6_0_IPHONE_5"
         fall_back="apple_iphone_ver6" actual_device_root="true">
  <group id="product_info">
    <capability name="model_name" value="A1429"/>
    <capability name="model_extra_info" value=""/>
    <capability name="marketing_name" value="iPhone 5"/>
  </group>
  <group id="display">
    <capability name="physical_screen_height" value="89"/>
    <capability name="resolution_width" value="640"/>
    <capability name="resolution_height" value="1136"/>
  </group>
</device>
```

Auszug aus der WURFL-Datei: sourceforge, 2012b

Abbildung 4: iPhone 5 in der WURFL-Datei

Anhang 5: Screenshot FlightRadar24

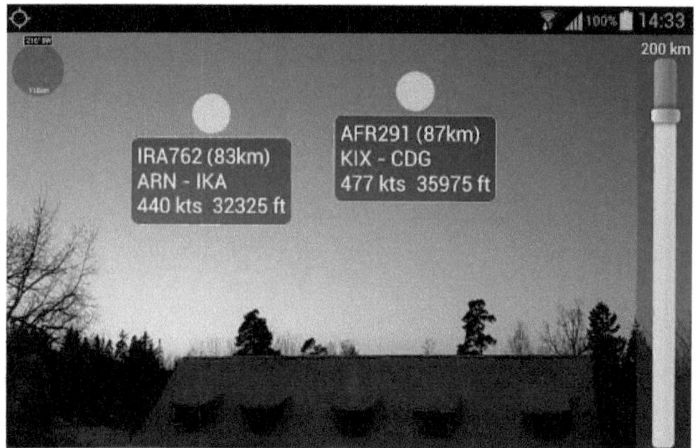

Entnommen aus: Google Play Store

Abbildung 5: Mobile Applikation: FlightRadar24

Anhang 6: RWD1

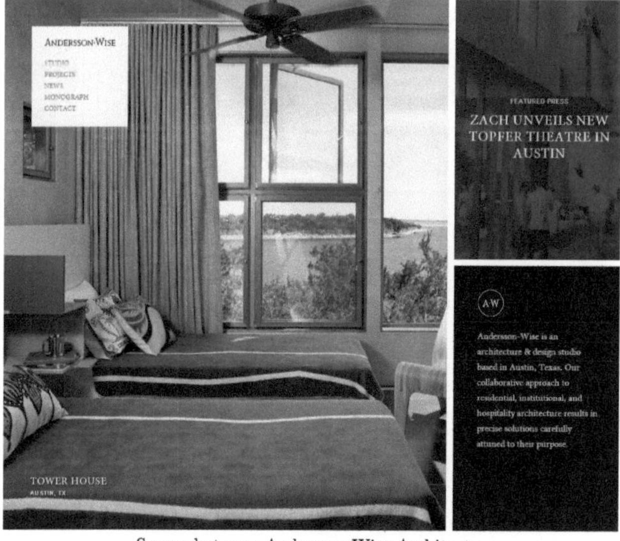

Screenshot von: Andersson-Wise Architects

Abbildung 6: Responsive Webdesign bei breitem Bildschirm

Anhang 7: RWD2

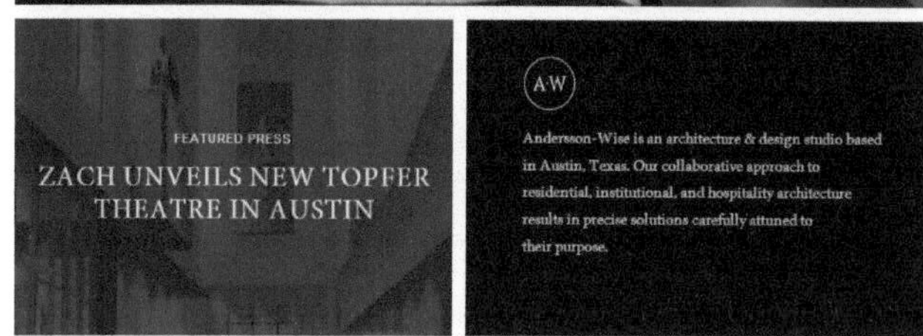

Screenshot von: Andersson-Wise Architects

Abbildung 7: Responsive Webdesign bei mittlerem Bildschirm

Anhang 8: RWD3

Screenshot von: Andersson-Wise Architects

Abbildung 8: Responsive Webdesign bei kleinem Bildschirm

Literaturverzeichnis

Andersson-Wise Architects: Andersson-Wise Architects | An Austin, Texas based Architecture and Design Studio, `http://www.anderssonwise.com/` (12.01.2013, 22:22).

Bäumler, Helmut; Breinlinger, Astrid; Schrader, Hans-Hermann: *Datenschutz von A- Z*, Luchterhand (Hermann), Neuwied, 2001, ISBN 978-3472033325.

Bundesamt für Sicherheit in der Informationstechnik: *Mobile Endgeräte und mobile Applikationen: Sicherheitsgefährdungen und Schutzmaßnahmen*, Bonn, 2006.

e teaching.org: Mobile Computing, `http://www.e-teaching.org/technik/ vernetzung/mobile_computing/` (27.12.2012, 14:05), 2012.

Equation Research in Auftrag von Compuware: Studie: What Users Want From Mobile, `http://e-commercefacts.com/research/2011/ 07/what-usrs-want-from-mobil/19986_WhatMobileUsersWant_Wp.pdf` (30.12.2012, 12:19), 2011.

Google Play Store: Flightradar24 Pro - Android Apps auf Google Play, `https: //play.google.com/store/apps/details?id=com.flightradar24pro&hl=de` (12.01.2013, 21:55).

Hagenhoff, Prof. Dr. Svenja: Content-Management-System - Enzyklopaedie der Wirtschaftsinformatik, `http:// www.enzyklopaedie-der-wirtschaftsinformatik.de/ wi-enzyklopaedie/lexikon/daten-wissen/Informationsmanagement/ Informationsmanagement--Konzepte-des/Content-Management-System-/ index.html` (20.12.2012, 19:09), 2012.

Kellner, Alex: E-Mail Adresse gegen Spam schützen | TYPO3 Blogger, `http://typo3blogger.de/e-mail-adresse-gegen-spam-schutzen/` (05.01.2013, 13:17), 2010.

Kraft, Boris: Das mobile Internet: Herausforderung für CMS - Mit Web Content Management dynamische und personalisierte Inhalte anbieten - Contentmanager.de, `http://www.contentmanager.de/magazin/das_mobile_internet_ herausforderung_fuer_cms.html` (20.12.2012, 19:01), 2012.

Kremp, Matthias; Lischka, Konrad: Browser-Beschleuniger Silk: Amazon wird zum Intranet-Provider - SPIE-GEL ONLINE, `http://www.spiegel.de/netzwelt/web/browser-beschleuniger-silk-amazon-wird-zum-intranet-provider-a-789087.html` (12.01.2013, 21:36), 2011.

Lackes, Prof. Dr. Richard; Siepermann, Dr. Markus: Content Management, `http://wirtschaftslexikon.gabler.de/Archiv/76205/content-management-v6.html` (27.12.2012, 11:59), 2012.

Petereit, Dieter: Responsive Webdesign mit HTML5 und CSS3 – Grundlagen » t3n - Das Magazin für Digitales Business | we love technology, `http://t3n.de/news/responsive-webdesign-html5-css3-grundlagen-335305/` (28.12.2012, 15:31), 2011.

Pryjda, Witold: Adobe: Apple trägt die Hauptschuld am Flash-Tod - WinFuture.de, `http://winfuture.de/news,66569.html` (28.12.2012, 10:44), 2011.

sourceforge: WURFL - Mobile Device Database by ScientiaMobile, `http://wurfl.sourceforge.net/` (28.12.2012, 14:14), 2012a.

sourceforge: WURFL-Datei, `http://sourceforge.net/projects/wurfl/files/WURFL/2.3.3/wurfl-2.3.3.zip/download` (28.12.2012, 14:14), 2012b.

Telekom Deutschland GmbH: Funkversorgung Inland, `http://www.t-mobile.de/funkversorgung/inland/0,12418,15400-00.html` (20.01.2013, 15:27).

Tschersich, Markus: Was ist ein mobiles Endgerät? | mobile zeitgeist, `http://www.mobile-zeitgeist.com/2010/03/09/was-ist-ein-mobiles-endgeraet/` (27.12.2012, 15:50), 2010.

typo34u.de: TYPO3 und Grafik, `http://www.typo34u.de/index.php?id=typo3_grafik` (05.01.2013, 12:01).

Vassilian, Larissa: Location Based Services als Marketing-Tool - Business - CHIP Online, `http://business.chip.de/artikel/Location-Based-Services-als-Marketing-Tool_45400472.html` (12.01.2013, 20:44), 2010.

W3C: Portable Network Graphics (PNG) Specification (Second Edition), `http://www.w3.org/TR/PNG/` (30.12.2012, 11:48), 2003.